MAIGRIR...
galère ou bateau de plaisance

À tous ceux qui se préparent à lire ce livre, sachez que vous pouvez vous aussi écrire votre propre scénario de succès; il n'en tient qu'à votre bonne volonté! Laissez-vous bercer par ce touchant témoignage d'espoir.

Pourquoi pas vous, dès maintenant!

Lyne Martineau
Caroline M. Gauthier
Minçavi

Éditeur: Minçavi 1986 inc.
Dépôt légal: 15 mars 2002
Bibliothèque Nationale du Québec
ISBN: 2-922852-00-8

Imprimé par: Impart Litho

REMERCIEMENTS

J'aimerais remercier tous ceux et celles qui m'ont donné l'enthousiasme nécessaire pour réaliser ce projet.

D'abord, la première à croire à cette aventure fut ma tante Colette qui a bien voulu faire une première copie avec tous mes "grafouillis".

Ensuite, madame Lyne Martineau et sa fille Caroline qui m'ont donné les premiers commentaires me permettant de poursuivre.

J'ai beaucoup de reconnaissance envers ma grande amie Sylvie Cadrin et mon frère Jean-Guy qui ont apporté leur appui par leurs connaissances techniques.

Merci également à toutes les clientes Minçavi qui ont bien voulu faire une première lecture et apporter leurs commentaires énergisants me donnant ainsi la certitude que je finirais par me rendre jusqu'au bout.

Grâce à vous tous, je vous présente :

MAIGRIR...

galère ou bateau de plaisance

Avant-propos

Il arrive des moments dans la vie où tout est mûr. Au début, l'idée d'écrire un livre m'était apparue un peu prétentieuse. J'aime écrire pour le plaisir que cela me procure. Je vis durant ce moment privilégié une sorte de complicité avec moi-même.

Depuis mon adhésion au programme MINÇAVI, en 1995, j'ai vécu plus d'une transformation...

D'abord, la transformation physique qui se voit plutôt de l'extérieur, et aussi, la transformation sur le plan personnel, celle de l'intérieur, celle qui se vit, qui se ressent... et qui m'a plutôt charmée.

Ce sont toutes ces métamorphoses qui m'ont poussée à faire un bilan de ma vie ; un questionnement bien connu des gens dans la quarantaine et la cinquantaine qui ont un réel besoin de se resituer dans ce mitan de la vie.

Réfléchir sur ce que nous étions étant jeunes, sur ce que nous sommes maintenant et sur ce que l'on deviendra, c'est un besoin bien légitime à tout individu qui se respecte et qui porte en lui l'estime de soi.

J'ai tout d'abord écrit ce livre sans but trop précis. Je réfléchissais au chemin que j'avais parcouru, aux obstacles rencontrés, aux défis relevés... J'avais l'idée de me faire du bien en mettant sur papier des valeurs fondamentales, des principes auxquels je crois très sincèrement et qui m'ont toujours guidée.

Puis, au fur et à mesure que je noircissais les pages, j'ai pensé que je n'étais pas la seule à vivre les grands bouleversements de la vie, qu'ils soient heureux ou malheureux. J'ai donc eu envie de partager mon vécu et ma *renaissance,* en pensant qu'à travers mes confidences, d'autres personnes pourraient se retrouver et puiser l'énergie, la motivation et la détermination nécessaires pour faire face à leurs problèmes ou pour accomplir leurs rêves.

Mon épanouissement, physique et mental, a pris naissance dans une démarche de perte de poids. Réfléchir, c'est bien beau, mais passer à l'action c'est merveilleux ! Avoir du courage et de la détermination pour enrichir notre *mental* d'attitudes positives, d'enthousiasme et d'optimisme, voilà ce que j'ai appris à MINÇAVI.

La perte de poids considérée dans le **sens sérieux,** dans le sens de la santé physique et mentale, voilà ce qui donne à MINÇAVI toute la force de son programme.

Je souhaite aux gens d'avoir la même chance que j'ai eue ; celle de comprendre qu'on ne perd pas du poids *juste pour perdre du poids.* La perte de poids c'est beaucoup plus important car ça nous aide à retrouver l'équilibre, l'harmonie à tout point de vue.

Sachant très bien que je n'ai écrit que ce que vous auriez pu écrire vous-mêmes, en d'autres mots, j'espère que mon livre sera pour vous rafraîchissant, stimulant et qu'il vous permettra d'échanger en pensée avec moi ou avec vos amis.

Pour ma part, j'ai réalisé que lorsque les *bleus* me reviennent, je suis contente de pouvoir me relire. Cela me permet de *m'auto-encourager* et de poursuivre. Ça me fait un bien fou !

Si mon expérience peut vous profiter et vous encourager dans vos projets de vie, eh bien ! j'aurai doublement atteint mon objectif.

Bonne lecture !

Préface

L'apprentissage se définit comme une modification du comportement. Nous n'avons rien tant que nous ne sommes pas passés à l'action et que nous n'avons pas mis nos connaissances en pratique.

Prendre ma vie en main, changer des comportements, voilà ce que MINÇAVI m'a apporté. Lorsque j'ai constaté que ce serait une évolution lente et continue, principalement vers la santé physique et par la suite, vers un équilibre de vie, j'ai compris que je venais de prendre le bateau et que le voyage serait désormais pour la vie.

J'aimerais partager avec vous ce que j'appellerai mon curriculum vitae alimentaire. Il vous permettra sans doute de vous reconnaître et de comprendre que vous n'êtes pas seul(e) et que notre éducation comme notre caractère influencent beaucoup nos comportements.

L'apprentissage nous permet d'évoluer, de grandir et de s'améliorer. Si, à ces ingrédients de base, on ajoute une tasse de confiance en soi, une livre et demie de motivation et qu'on parsème le tout d'enthousiasme, on arrive à réaliser la recette que tous désirent réussir :

ÊTRE HEUREUX !

Table des matières

Dans l'art de créer, le plus difficile
est de commencer.

Auteur inconnu

Chapitre 1
Il était une fois...
mon *C.V. alimentaire.*

Commençons par le début. Je suis née le 16 novembre 1949 et déjà je me fais remarquer. J'ai choisi la première tempête de neige de l'année, juste pour énerver mon père davantage! Avec tout le courage que je lui connais, il réchauffe sa *Dodge* bleue foncée toute neuve et part avec maman, toujours aussi calme, vers l'hôpital d'Edmundston, Nouveau-Brunswick, à quelques kilomètres de Ville Dégelis (Québec) où nous habitions à l'époque.

Que de fois, mon père m'a répété qu'il n'avait jamais réussi à me faire obéir et que je n'en faisais toujours qu'à ma tête !

Après maintes réflexions, j'en ai donc conclu que le 16 novembre 1949, j'avais été mise sur cette terre pour devenir autonome. D'ailleurs, beaucoup plus tard, cela deviendra un de mes objectifs dans la vie.

Dès les premiers instants qui suivirent ma naissance, les coups durs commencèrent...

Le Docteur Chabot s'exclamant de sa voix rauque prononça ces premières paroles à mon égard :« C'est une belle GROSSE fille ! » Pour la première fois de ma vie, je montai sur la balance...neuf livres et demie ! Dès lors, mes problèmes de poids commencèrent étant donné que généralement on estime qu'un bébé normal pèse 7 livres. Dans mon carnet de santé, j'étais deux livres et demie au-dessus de la moyenne. Beau départ dans la vie, n'est-ce pas ?

<u>À l'âge de seize mois...</u>

Ma mère, renommée pour son calme et son équilibre, fut prise de panique parce que sa GROSSE fille, toute potelée, ne marchait toujours pas. Étais-je comme Rose dans *Les filles de Caleb* ? Cela devenait très inquiétant pour ma mère qui constatait que les bébés de ses amies marchaient et couraient un peu partout dans les cours arrières des maisons du voisinage.

Bref, je faisais sans contredit la honte de ma mère face à son univers social. Elle décida alors de rendre visite au docteur Chabot. Le rendez-vous fut fixé à seize heures pour me permettre de faire mon petit dodo de l'après-midi. Vêtue de mes plus beaux atours et embarquée dans ma poussette, nous nous rendons au cabinet du docteur Chabot.

Après un bref examen, le médecin rempli de compassion explique à ma mère que je n'ai rien d'anormal sauf, pour ce qui est de mon poids. Je suis moins agile que les autres enfants de mon âge parce que toutes mes rondeurs ralentissent mon apprentissage neuromoteur et mon aisance.

On dirait qu'en entendant ce verdict, à mon avis très peu scientifique, l'orgueil s'était emparé de moi et aussitôt arrivée à la maison, j'entrepris le long processus de la marche pour lui prouver qu'il s'était carrément trompé à mon sujet. Au bout d'une semaine et quelques jours, j'ai pris le chemin qui mène aux armoires et principalement à la porte du garde-manger...

Cette dernière, je l'ouvrais avec beaucoup plus d'émerveillement et d'intérêt que celle qui menait aux chaudrons et il en fut ainsi pendant plusieurs années de ma vie ...

De 2 à 12 ans...

Période où j'ai découvert que je pouvais faire ce que je voulais avec mes parents. J'ai alors mis toutes mes énergies à développer l'ART DE LA MANIPU-LATION. Mon père qui fut professeur de psychologie a dû à maintes et maintes reprises soumettre ses théories à rude épreuve.

Papa, homme d'une grande sagesse, a toujours eu comme principe qu'en matière d'éducation, il faut que les parents abondent dans le même sens.

C'est ainsi, que lui et maman décidèrent d'un commun accord de me convertir à une saine alimentation. À cette époque, je mangeais ce que je voulais quand je le voulais.

Au plus loin que je puisse retourner dans l'hémisphère gauche de mon cerveau, en quête de souvenirs, j'aimais le steak haché, le jambon, le bacon et les *beurrées* à la cassonade. Pour ce qui est de ce que je n'aimais pas, la liste était sans fin : soupes de toutes sortes, pommes de terre pilées, navets, concombres, oignons, poulet, foie et surtout le poisson. Croyez-le ou non, j'ai été TRAUMATISÉE PAR LE POISSON !

De 12 à 16 ans...

Ce fut la période de la fermeté et du redressement. Un bon matin, mon père, au comble du découragement avait vu une lueur d'espoir. Il partit en voiture et revint trente minutes plus tard avec un air espiègle, comme quelqu'un qui est fier de son coup. Cet air ne lui convenait pas vraiment avec ses grosses lunettes noires à la Jean Drapeau et son chapeau sur la tête. Bref, j'ai eu un pressentiment qu'il se tramait quelque chose de bizarre...

Il s'assit bien calmement au côté de moi et me proposa de m'amener à la pêche. Sans l'avoir aucunement mérité, il me présenta alors une magnifique perche blanche avec une poignée verte et une ligne noire et, en surplus, tout le *gréement* nécessaire pour faire des pêches miraculeuses.

Je me suis empressée de le remercier chaleureusement car j'aimais la nature et le plein air. De plus, ça faisait bien mon affaire de découvrir du territoire nouveau et surtout, de conduire la voiture clandestinement dans le petit rang qui menait à la rivière Aux Perches. (Mon père avait à l'occasion ce petit côté délinquant).

J'ai d'excellents souvenirs de la rivière, des chutes et des belles petites truites prises avec mon papa. Il acceptait volontiers de fixer les vers à ma perche parce que, de toute façon, je ne pouvais pas les regarder, encore moins les toucher, hélas pour lui !

De retour à la maison, même avec les plus beaux compliments et encouragements de maman, les pauvres petits poissons ne sont jamais parvenus à satisfaire mes papilles gustatives.

Cela a duré plusieurs années, tous les *maudits* vendredis ! Parce que mon psychologue de père avait aussi appris dans ses beaux livres que les parents devaient faire preuve de fermeté et Dieu sait qu'il en avait ! Malheureusement pour moi, il n'a jamais lâché prise... ça ne se faisait pas à l'époque.

Par contre, je jouissais d'un avantage; sa fermeté additionnée à celle de maman, avaient donné ce qu'on appelle *une enfant déterminée.*

Je me souviens d'un soir, alors que j'étais incapable de dormir, je l'avais entendu dire à maman : « Comment est-ce que nous allons faire pour qu'elle mange comme du monde, celle-là ? » La solution vint lorsque j'eus 16 ans…

<u>16 ans et ...</u>

Oui, la solution était bien simple. Il s'agissait d'y penser : LE PENSIONNAT ! « Là au moins, personne ne fera ses caprices ! » dit-il d'un ton presque enragé. En septembre 1966, j'entrai donc pensionnaire, inquiète et l'air piteux, toutefois, pas pour très longtemps ... Je suis plutôt du genre *social.*

En deux temps, trois mouvements, j'avais trouvé la chose la plus intéressante pour toute pensionnaire qui se respecte... faire des coups, désobéir aux règlements. Bien sûr, vous l'aviez deviné ! Avec mes amies, je suis devenue une spécialiste dans l'art de se sauver du collège après les cours. Pour aller où ? Au restaurant, bouffer un *hot-dog* relish-moutarde, une grosse frite et un grand *seven-up.* Avec le temps, c'était devenu un jeu d'enfant.

Maman qui ne me voyait plus aussi souvent trouvait que le pensionnat m'était bénéfique. Elle trouvait que j'avais bonne mine, l'air heureuse et que les bonnes sœurs semblaient faire de la bonne cuisine. Mes parents pouvaient désormais vaquer à d'autres occupations puisque leur Jacqueline serait bientôt majeure et qu'ils l'avaient enfin sauvée ! ...

<u>Mes 18 ans et le CÉGEP...</u>

Le CÉGEP, la grande aventure ! La liberté ! Plus de contrôle, très peu de discipline, jamais de temps pour prendre mes déjeuners. Les dîners se passaient à la cantine mobile et pour les soupers, je choisissais souvent la grosse pizza avec les *chums*.

Le pensionnat avait développé chez moi mon côté social et le CÉGEP me collait à la peau, si bien que j'y ai collé plus longtemps que tous les autres étudiants. J'ai eu durant quatre ans aucun souci pour mon alimentation. Plus souvent qu'autrement c'était des repas écourtés, des soirées prolongées... Pour les plus inquiets, permettez-moi de vous dire que j'ai tout de même obtenu mon D.E.C. !

À ma grande surprise, j'ai déniché un emploi en tant qu'animatrice dans une base de plein air, située à Pohénégamook. Mon Dieu que la vie s'occupe bien de nous !

Mon goût pour la nature et les activités sportives ont été pour moi une planche de salut. J'ai changé de mode de vie et aussi d'amis. Mon travail m'a mis dans un état d'équilibre que je n'avais pas vraiment connu auparavant.

Par la nature de mon emploi, je me suis forcément mise à bouger davantage pour ainsi devenir de plus en plus en forme, sans pour autant savoir mieux manger...

<u>23 ans et l'amour...</u>

Et un jour...je rencontre l'homme de ma vie. Par

hasard, pour faire du mal, Rémi aime la pêche comme mon père. C'est fou à quel point l'amour nous fait faire des choses bizarres ! Par exemple, manger ma première truite, du saumon, de la sole, des crevettes et des pétoncles. Quelle transformation rapide !

Deux ans plus tard, je fonde ma petite famille. J'adore mes bambins, mais alors là, j'en ai sué un bon coup parce qu'à mon tour, j'étais devenue parent.

La fermeté avec les enfants ça je l'avais, mais l'honnêteté... je ne pouvais quand même pas leur mentir, je devais être logique et cohérente.

Comment dire à tes gamins que la soupe c'est bon, tout comme le navet, le concombre, l'oignon, le poulet? Je leur disais qu'il faut tout manger pour devenir grand et fort comme papa.

Pendant un certain laps de temps, les enfants m'aidèrent à mieux manger; heureusement qu'ils étaient là !

À leur tour, ils ont pris le chemin du pensionnat et bien là... la maman est revenue au naturel, c'est-à-dire une belle grosse maman comme au temps du docteur Chabot. UNE BELLE GROSSE FILLE !

<u>Six années de yoyo…</u>

Période durant laquelle j'ai tout essayé afin de maigrir : les herbes, les poudres, les diètes aux fruits, celles aux jus, le vélo, le jogging, etc.. Rien à faire, je faisais du YOYO.

Heureusement que la grosse maman disposait de plus de temps pour se remettre en question. Je savais très bien que si je continuais à ce rythme là, j'allais devenir de plus en plus grosse, de plus en plus triste, de plus en plus mal dans ma peau et de plus en plus malade.

<u>À 45 ans…</u>

Tout mon être est devenu en état d'urgence, l'alarme s'est déclenchée et les lumières se sont mises à clignoter sur le grand boulevard de ma vie.

J'ai donc pris la décision de changer mon alimentation et j'avais besoin d'être aidée, ce qui m'a conduite à un programme alimentaire qui se nomme MINÇAVI.

J'y ai trouvé de la compréhension, des amies et des connaissances tant sur le plan alimentaire que sur celui de mon propre développement. Minçavi a été le point de départ d'une démarche personnelle qui m'a fait grandir et évoluer.

Le 28 août 1995 fut une journée mémorable pour moi et elle restera gravée dans ma tête et dans mon cœur comme étant une :

JOURNÉE D'ESPOIR
JOURNÉE DE RÊVE
JOURNÉE DE BONHEUR
JOURNÉE DE CHANGEMENT

C'était la journée de mon inscription à Minçavi.

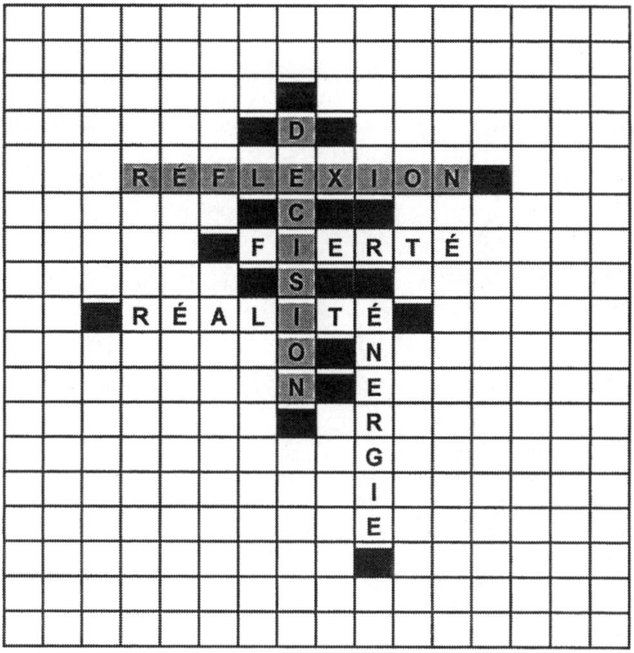
RÉFLEXION
DÉCISION
FIERTÉ
RÉALITÉ
ÉNERGIE

Ce que vous craignez d'accomplir constitue une indication claire de ce que vous devez accomplir en premier.

Ralph Waldo Emerson

Chapitre 2

Réflexion - Décision

Avant d'amorcer un changement nous sommes, pour la plupart, préoccupés à savoir si nous faisons la bonne chose. On réfléchit. C'est une étape importante mais il ne faut pas en rester là toute notre vie. Un jour, il faut prendre une décision. C'est le *JUST DO IT* de Nike.

Il m'arrivait constamment lorsque j'étais en surpoids, d'observer avec attention d'autres *grosses madames* et de me comparer à elles. Je concluais toujours qu'elles étaient plus grosses que moi et que je n'en étais pas encore rendue là.

C'est plutôt difficile d'être son propre juge dans de telles circonstances et souvent, je demandais l'avis de mon conjoint : « La femme là-bas, est-elle plus grosse que moi ? » Et lui de répondre : « Elle ? C'est pas pareil, elle est moins grande que toi et ça paraît toujours pire dans ces cas-là. » Je ne mesure que 5 pieds et 2 pouces et, de plus, je ne suis pas sotte du tout.

Le message portait direct au cœur et... à la réflexion, également à la colère et à la frustration, autrement dit, je me devais de mettre le chapeau.

Je suis de celles qui ont besoin de ce genre de petit coup de fouet pour agir. Un peu à la manière de la vieille Mémée, une jument que nous avons sur la ferme. Elle réagit seulement si Rémi lui fouette un peu les flancs. C'est alors qu'elle s'active et nous démontre de quoi elle est encore capable, comme de nous permettre de faire une belle balade au clair de lune attelée à un magnifique traîneau rouge qui glisse sur la neige scintillante de janvier.

Elle revient alors à l'écurie toute fringante et fière d'avoir reçu ce petit coup de fouet qui lui a permis de se réveiller, de nous procurer du plaisir et de nous prouver ainsi qu'elle méritait bien de ne pas être vendue au marchand d'animaux.

Un jour, j'étais en visite à Granby chez ma sœur Marie-France, c'était en juin et les gens passaient très nombreux à vélo devant sa demeure. Nous étions à l'extérieur en train de regarder ses fleurs et ses petits arbustes lorsque j'aperçois, pédalant péniblement, une dame passablement grassouillette.

Mine de rien, sans trop y penser (j'en avais d'ailleurs pris l'habitude) la question fatidique me revient à l'esprit et sort de ma bouche : « Suis-je aussi grosse que cela ? » Marie-France, dans tout sa franchise me répond : « C'est pas mal pareil ! »

DÉCISION

Il fallait que j'entreprenne sans plus tarder le long processus de la décision. Je recevais de plus en plus de petits coups de fouet, le temps de la prise de conscience frappait droit au cœur.

La grosse madame que je voyais partout, la grosse madame qui faisait pitié parce qu'elle se délectait d'une grosse crème glacée molle, la grosse madame que je trouvais ridicule parce qu'elle mangeait une grosse pizza *All dressed* avec un gros *Coke*, la grosse madame qui se faisait virer dans certaines boutiques par la conseillère qui lui disait qu'elle était désolée mais n'avait pas de vêtements de grande taille.

Un jour, j'ai réalisé que j'étais la grosse madame ! La réalité était là. En cinq ans, j'avais pris une moyenne de sept à huit livres par année. À ce rythme là, comme le disait notre ami Bernard Derome lors des élections, si la tendance se maintient, la grosse madame atteindra sûrement ses 200 livres pour le nouveau millénaire. Elle se retrouvera au rang des diabétiques de type 2 et atteindra un taux de cholestérol l'obligeant à prendre une médication. Au pire encore, la grosse madame aura perdu toute fierté et sa confiance sera sous le seuil zéro.

Mal dans sa peau, elle manifestera beaucoup de frustrations et, avec les années, jailliront des sentiments de déception et de négativisme.

Vite Jacquie ! Réagis, décide, bouge, fais quelque chose ! Tu manques d'énergie ? Dis-toi bien que l'énergie vient avec l'action. Un certain proverbe dit : «MOINS ON EN FAIT, MOINS ON EST CAPABLE D'EN FAIRE ! » Le contraire est aussi vrai : «PLUS ON EN FAIT, PLUS ON EST CAPABLE D'EN FAIRE ! »

RÉFLEXION – DÉCISION

Il existe un petit exercice que j'ai appris d'une thérapeute qui m'a beaucoup aidée et je profite de l'occasion, Christiane, pour te saluer en passant. Alors le voici :

Il consiste à nous aider à faire l'analyse des situations en vue de prendre la bonne décision ou de faire un choix vraiment personnel. J'utiliserai l'exemple d'un surplus de poids : j'ai le choix de rester en surplus de poids ou de le perdre et, quel que soit mon choix, il y aura des avantages et des inconvénients. Cet exercice de réflexion prend très peu de temps et nous éclaire sur le problème et ses solutions.

Voici un tableau qui nous permet de voir clairement la situation :

JE DÉCIDE DE RESTER EN SURPOIDS	
AVANTAGES	INCONVÉNIENTS

JE DÉCIDE DE PERDRE MON SURPOIDS	
AVANTAGES	INCONVÉNIENTS

Ma décision est :_____

Quel que soit le projet que vous rêvez de réaliser ...
Mettez-le en œuvre.
Il y a du génie et de la magie dans l'audace.

Auteur inconnu

Chapitre 3

L'action

Lorsqu'une décision est prise et bien analysée, sans l'influence des autres, elle est plus facilement réalisable. Notre choix devient librement notre responsabilité. Nous, les humains, avons reçu en venant sur cette Terre un énorme héritage : celui d'être libre. Nous avons tous la liberté de faire ce que nous voulons, c'est un pouvoir que nous possédons et il n'en tient qu'à nous de l'utiliser à bon escient.

Cette grande possibilité que nous avons de choisir ce que nous voulons devenir réside dans nos pensées. Ces dernières sont personnelles et nous permettent de changer les choses, de façon positive ou négative. Nous sommes capitaine à bord de notre bateau et nous y tenons le gouvernail. Ainsi, c'est nous et uniquement nous qui prenons notre vie en main. Si, par toutes sortes de circonstances ou de choix, nous avons créé un problème, sachez que toutes les solutions sont en nous.

Un jour que je rencontrais ma patronne, madame Lyne Martineau, pour discuter d'un problème personnel, elle m'avait écrit sur un bout de papier : « NOTRE BONHEUR DÉPEND DE NOTRE CAPACITÉ À RÉGLER NOS PROBLÈMES ! »

Cet énoncé n'avait pas eu tellement d'impact sur moi au moment où je l'ai lu… Cependant, une fois arrivée chez ma sœur pour y passer la nuit, je me suis surprise à vouloir le mémoriser.

J'ai tout à coup réalisé que ce message était d'une grande importance pour moi. Il m'était impossible de le reformuler correctement et je n'arrivais pas à trouver le sommeil tellement cette idée m'obsédait !

À neuf heures précises, ne pouvant plus attendre, je rejoins Carole, l'assistante de madame Martineau, et sans trop de préambules, je lui demande si par hasard le fameux «bout de papier» de Lyne traînait encore quelque part sur son bureau. Elle accepte gentiment de m'aider et je l'entends qui fouille, qui brasse des papiers et qui déplace des objets.

Le récepteur auquel je suis suspendue me retransmet tous les bruits de ses efforts pour retrouver ledit papier et je suis impatiente de connaître sa réponse : « Jacquie, oui je l'ai trouvé ! » Ouf ! - Peux-tu me le faire parvenir par télécopieur ? – « Oui, aucun problème. Bonne journée et bonne chance ! » – Merci beaucoup !

Après l'avoir retrouvé, je l'ai mémorisé. Ce message m'a toujours bien servi ; il me permet de passer à l'action, et de plus en plus me redonne confiance en moi. Je réalise, avec beaucoup d'enthousiasme, qu'il y a toujours une solution à chaque problème. N'est-ce pas merveilleux ? Il n'en tient qu'à nous de passer à l'action et de réagir.

Il est évident que le problème de poids est un problème majeur et la solution se retrouve beaucoup plus dans le changement du comportement et des habitudes que dans la simple perte de poids.

Le 28 août 1995, lorsque j'ai sauté à bord de mon bateau, c'est sur une galère que je me suis embarquée. Au début, je n'avais aucune idée de l'ampleur qu'allait prendre mon aventure.

Je me suis inscrite à Minçavi, comme bien d'autres «juste pour voir» ; chez moi, on appelle ça des *woèreux*. On va aller *woère* qu'est-ce que ça dit !

Toujours est-il qu'en allant juste pour voir, j'avoue que la première semaine ne fut pas ma meilleure performance. Je n'avais éliminé qu'une demi-livre, n'ayant pas fait l'effort nécessaire pour obtenir de meilleurs résultats.

Cependant, au cours des semaines suivantes, quelque chose s'est passé et ont surgi en moi les qualités essentielles pour réussir, c'est-à-dire la connaissance du programme, l'enthousiasme et le plaisir d'agir et de changer mon alimentation.

De nature positive, toute la famille fut enchantée de ma décision et j'ai reçu de leur part ce qu'on appelle en psychologie, du *renforcement positif* ; y compris mon père, déjà bien malade, à qui j'allais rendre visite après mes rencontres Minçavi. Il me regardait et disait d'une façon très sincère : « Tu t'en viens pas mal belle, ma fille ! » Il avait quatre-vingt-deux ans et savait faire plaisir, ses beaux yeux bleu de mer ne trahissaient jamais.

C'est ainsi que de semaine en semaine, je perdais du poids et me rendais compte que mon caractère, habituellement contrôlant et critique, s'adoucissait peu à peu. Oui, mon comportement changeait tout en douceur. Il m'arrivait quelque chose de MER-VEILLEUX ! J'étais PASSÉE À L'ACTION. Je débarquais donc de la galère, pour sauter dans le bateau de plaisance.

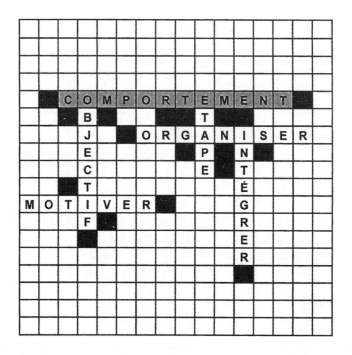

Si vous devez entreprendre une tâche, allez jusqu'au bout, car si vous vous arrêtez en chemin, vous serez constamment hanté par ce que vous aurez laissé inachevé.

Chogyam Trungpa

La peur du changement ne serait-elle pas la peur de prendre ses responsabilités ?

Réflexion faite par l'auteure
Jacqueline Poirier

Chapitre 4

Créer un nouveau comportement

Passer à l'action pour perdre du poids nous oblige à acquérir des nouveaux comportements ; ce qui n'est pas toujours évident. Dans les livres, on raconte que ça peut se faire en quatre opérations. Mais dans la *vraie vie* ou dans la *petite vie*, ce n'est pas aussi simple. Voyons quand même ces quatre étapes :

1) DÉFINIR SON OBJECTIF :

En effet, la première étape, c'est de décider ce que nous voulons changer en nous et l'objectif à atteindre. Cela me rappelle que je demandais souvent à Rémi : « Est-ce que tu m'aimes autant même si je suis grosse ? » Dans mon for intérieur je ne voulais pas nécessairement recevoir une réponse, je voulais plutôt amorcer une bonne discussion. Mais vous vous doutez bien que celle-ci tournait le plus souvent au vinaigre. Au fond, je voulais surtout que Rémi me dise quoi faire.

Je n'avais pas encore compris qu'il fallait que je décide moi-même des changements que je voulais apporter à ma personne afin de me sentir mieux dans ma peau. Pourtant le changement était évident, l'objectif était clair et précis : je désirais retrouver un corps plus mince, plus esthétique et en bonne condition.

2) SE MOTIVER

Pour atteindre notre objectif, il faut être enthousiaste et motivé. Se motiver, c'est visualiser ce que nous allons obtenir grâce à ce changement. Je peux vous assurer, par expérience, que cette attitude nous amène souvent bien au-delà de ce que nous avions souhaité initialement. En essayant de rendre visible le résultat de ma perte de poids, je ne me suis jamais imaginé l'ombre d'un instant que tant de choses allaient changer ma vie.

Voilà bientôt six ans que je participe au programme Minçavi et mon enthousiasme me donne encore le loisir d'imaginer les aspects positifs actuels et à venir de cette perte de poids.

3) S'ORGANISER

S'organiser, c'est définir les étapes et les moyens pour arriver à nos fins. Alors là, pour une fille qui n'a jamais eu le sens de l'organisation, vous auriez dû me voir aller !

Planifier mon épicerie en fonction du programme alimentaire recommandé, cuisiner des petits plats à l'avance pour les journées plus remplies, faire de l'exercice à tous les jours pour m'occuper l'esprit et pour mon bien-être physique. En très peu de temps, je suis devenue une fille organisée. Disons que le malheur de l'un fait le bonheur de l'autre. Je vous explique.

Rémi s'étant fracturé des côtes en montant à cheval, je devenais par la force des choses la palefrenière attitrée. Soigner les chevaux, nettoyer l'écurie à tous les jours, matin et soir, durant une perte de poids, ceci a joué en ma faveur, même si l'exercice physique quotidien fait partie de mes attributs et que cela n'a jamais été un problème pour moi.

Me doter de trucs pour éviter les obsessions de chips, de chocolat, de bière, de beurre d'arachides, fut un dur apprentissage ! Après quelques rechutes, je dois l'avouer, c'est devenu de plus en plus simple pour moi.

4) INTÉGRER

Intégrer un comportement ou un changement, c'est s'assurer que le changement que l'on veut sincèrement et les moyens choisis pour y arriver soient vraiment dans les règles de ce que l'on souhaite ; c'est-à-dire s'assurer que c'est bien ça que l'on veut et prendre les moyens en conséquence pour y arriver.

Chez Minçavi, j'ai compris que le changement en rapport avec mon poids serait lent mais les moyens utilisés durables. Prendre en main ses habitudes alimentaires, les analyser, les changer, les améliorer, tout ceci me convenait beaucoup mieux que des moyens rapides et radicaux qui ne durent pas.

Notre journal alimentaire quotidien conçu d'une façon globale pour toute la semaine nous permet de prendre conscience et de gérer notre manière de s'alimenter. C'est donc un outil précieux et indispensable.

De plus, si on prend le temps de noter quelques événements qui ont fait surgir des émotions, on réalise rapidement, par exemple, que le chocolat a été mangé lorsqu'on était seul à s'ennuyer ou que le gros sac de chips y soit passé après une chicane avec le conjoint. L'écriture restera toujours une excellente façon de vérifier l'intégration de notre changement.

Si nous nous sentons en bonne voie de réussir notre exploit personnel, c'est que notre objectif et nos moyens utilisés sont tout à fait conformes à ce que nous voulions. Face à cela, l'enthousiasme se maintiendra et nous permettra de continuer notre route vers *notre but : perdre le poids désiré et atteindre notre plein épanouissement.*

Bien sûr, sur notre route il nous arrivera de traverser des jours plus sombres où on a le goût d'abandonner et de partir sur la *dérape* et de faire la fête. Ceux et celles qui ont réussi vous diront qu'ils sont passé à un cheveu de tout lâcher à un moment ou à un autre.

Vouloir changer son comportement demande du temps, de la patience et de la ténacité et c'est normal. C'est pourquoi, dans notre démarche, il est important d'accumuler tous nos petits succès pour enfin savourer la VICTOIRE...

Je me suis fait un petit résumé comprenant 4 étapes illustrant les moyens à entreprendre pour effectuer un réel changement dans ma vie. Il me fait plaisir de le partager avec vous.

QUATRES ÉTAPES POUR CRÉER UN NOUVEAU COMPORTEMENT

1
DÉFINIR SON OBJETIF
Décider ce que vous
voulez changer en vous.

2
SE MOTIVER
Visualiser ce que vous allez obtenir
grâce à ce changement.

3
S'ORGANISER
Définir les étapes, les moyens
pour y arriver.

4
INTÉGRER
S'assurer que le changement
décidé et les moyens que vous avez
choisis sont bien conformes à ce
que vous souhaitez...
vous vous voyez en train de réussir!

J'ai mis en pratique ces quatre étapes pour créer des nouveaux comportements chez moi. Je vous mentirais en vous disant que c'est tous les jours facile, mais je peux vous dire que *c'est une formule gagnante qui vaut le coup d'essayer*. Sans vouloir vous énumérer tous les changements et les bienfaits que cette méthode m'a apportés, je vais tenter de vous en décrire quelques-uns.

Auparavant, je m'enveloppais presque toujours dans des pantalons de *jogging* et un t-shirt X-large, pas n'importe lesquels quand même ! Je prenais soin de choisir des marques reconnues et griffées, probablement pour me donner l'impression que j'étais quelqu'un de bon goût et aussi pour me revaloriser. Je disais donc qu'après quelques mois, je devenais plus fière de ma personne et j'apprivoisais le port du pantalon ou de la jupe avec le chandail ou la blouse glissés à l'intérieur. Je voulais mettre en évidence un corps que j'appréciais de plus en plus. Je n'avais perdu que 12 à 15 livres mais ça faisait déjà une différence à ma silhouette. Cette appréciation de moi-même m'a permis de reprendre de l'assurance.

Lors des rencontres hebdomadaires de MINÇAVI, j'ai posé mille et une questions sur le programme, ce qui m'a apporté beaucoup plus de connaissances. En plus pour parfaire mon éducation, je lisais à peu près tout ce qui me tombait sous la main, qui traitait du sujet.

Alors, la confiance en moi s'est rebâtie peu à peu.

Je commençai à communiquer davantage avec les autres, à me rapprocher d'eux et à me constituer ainsi un groupe d'amis, sans oublier un élément très important, l'amélioration de mes relations amoureuses.

Je ne connais pas beaucoup de femmes ou d'hommes qui avouent le contraire. **Nous sommes pratiquement tous unanimes à constater que plus on se sent bien dans sa peau, plus notre vie sexuelle s'améliore.**

La confiance en soi combinée à un corps plus apprécié apporte une meilleure relation du couple. Les femmes en parlent entre elles, mais que pensez-vous que les hommes en disent ?

Si les deux font ensemble une démarche de perte de poids, pouvez-vous imaginer le rapprochement et le résultat de cette décision commune ?

Il y a de quoi nous redonner un regain de jeunesse ! J'imagine que dans la plupart des cas, le couple fonctionne beaucoup mieux...

Pour en revenir à la confiance en soi, quatre mois après mon inscription à Minçavi, j'ai eu soudain un désir irrésistible de devenir conférencière. Donc sans plus tarder et avec audace même, je suis passée à l'action, en faisant parvenir au bureau de Minçavi mon offre de services. Madame Martineau, sans doute un peu surprise par cet enthousiasme débordant, m'a téléphoné pour me demander qui j'étais et s'enquérir où j'en étais rendue avec mon poids. Il me restait vingt-cinq (25) livres à perdre. Je n'ai jamais douté que je n'y arriverais pas et elle non plus d'ailleurs... J'ai senti qu'elle me faisait confiance et qu'elle respectait mon rêve. Cela a tout de suite suscité chez moi une grande MOTIVATION, l'essentiel du succès.

Ma motivation était tellement grande, si grande qu'il faut que je vous raconte une anecdote, mais vraiment à voix basse, pas fort, parce que Rémi ne sera pas content s'il apprend ce qui suit :

Dans sa famille, le fait de jeter à la poubelle, ne serait-ce qu'un os, alors qu'il aurait pu être utilisé à faire une bonne soupe, c'est presque un sacrilège. J'avais alors acheté une livre de bon sucre d'érable mou, pour les enfants bien sûr ! Ceux-ci étaient étudiants à l'extérieur et Rémi n'a jamais été très friand de sucreries ; je me retrouvai donc face à face avec le mets que j'aime le plus au monde !

Ce magnifique carré de sucre bien doré, bien taillé, aux angles droits bien marqués, m'a donné du fil à retordre ! Vous savez, quand on y coupe de petites lanières parce qu'on veut être raisonnable et ne pas faire d'abus... On dirait que le couteau ne taille jamais assez bien pour refaire l'angle bien carré et on finit par en couper une autre petite lanière, puis une autre ; toujours dans le but de rendre le carré égal et souvent pour éviter que ça paraisse ! Je me suis retrouvée au beau milieu de la meule de sucre, soudainement et heureusement, j'ai retrouvé mes esprits et ma motivation a repris le dessus.

J'ai jeté un bref regard du côté de l'atelier de Rémi pour être bien certaine qu'il n'entrerait pas à la maison au moment où je ferais disparaître le sucre d'érable dans la poubelle. J'ai pris soin de bien le dissimuler en dessous des ordures et de placer quelques papiers épars pour cacher le tout.

Je fus envahie par toutes sortes d'émotions. J'étais triste d'avoir perdu mon sucre adoré, je me sentais coupable d'avoir jeté de la nourriture et par-dessus tout, j'étais en colère d'avoir perdu la maîtrise de moi-même. Mon cœur battait la chamade à un rythme de 130 pulsations à la minute et j'avais des chaleurs... Paradoxalement, j'étais fière d'avoir pris le bon moyen et surprise d'avoir retrouvé ma motivation juste au bon moment.

Par la suite, cette rechute m'a donné matière à réflexion. Pour nous aider à ne pas succomber aux tentations, il faut commencer à l'épicerie. De retour à la maison, on range le tout au réfrigérateur ou dans le garde-manger ; alors la semaine nous apparaît beaucoup plus facile à affronter. On gagne énormément à se donner des moyens. Lorsqu'on désire vraiment ce qu'on a décidé d'accomplir, il me semble que les moyens s'offrent à nous comme par enchantement. J'ai même trouvé un slogan, lequel est affiché sur la porte de mon frigo :

« FAIRE CE QUE J'AI DÉCIDÉ DE FAIRE. »

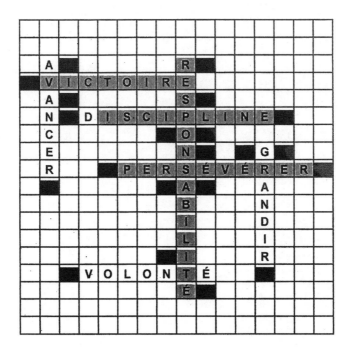

Le courage croît en osant, et la peur,
en hésitant.

Publilius Syrus

Pour récolter plus de roses,
il suffit de planter plus de rosiers.

George Eliot

Chapitre 5

Victoire = responsabilités, persévérance et discipline .

LES RESPONSABILITÉS

Être responsable, voilà une situation engageante. Il est beaucoup plus facile de mettre ça sur la faute de quelqu'un d'autre, n'est-ce pas ? Lorsqu'il s'agit d'une démarche pour perdre du poids, il est plus facile d'accuser les autres si on déroge de notre objectif, comme par exemple :

« J'ai mangé du sucre à la crème comme une vraie déchaînée ! - Comment ça ? - C'est ma belle-mère, elle insistait tellement ! »

« J'ai pris deux livres cette semaine, c'est à cause de mon *chum* ; il veut toujours manger dans les restaurants les fins de semaine ! »

« Je vais oublier ce programme durant le temps des Fêtes, ce n'est pas le moment idéal pour maigrir ! » Mais n'oubliez pas que ce n'est pas entre Noël et le Jour de l'An que l'on prend du poids, c'est surtout entre le Jour de l'An et Noël...comme disait ma belle sœur Gisèle.

Tant et aussi longtemps que le sens des responsabilités ne sera pas mieux exercé, nous aurons toujours de la difficulté à atteindre le succès. Nous sommes les seuls et uniques responsables de ce qui nous arrive. Comment peut-on blâmer qui que ce soit pour les choses que nous devons faire ? Notre conduite est notre responsabilité.

Agir en blâmant tout le monde, ça manque d'honnêteté envers soi-même. Il existe une seule manière de vérifier notre intégrité : c'est la technique du MIROIR.

Un bon matin, alors que j'avais fait la fête un peu trop, j'ai essayé cette technique. Je me suis regardée dans le miroir et j'ai commencé à mettre mon malheur sur le dos de la *gang*, de la chaleur, de la soif, du stress. Et le miroir a regardé la grosse madame bien dans les yeux et son reflet lui a demandé : « Es-tu bien certaine que tu ne te racontes pas d'histoires ? » Il n'y a aucune condition qui nous oblige à se conduire ainsi.

La grosse madame a compris que lorsqu'on veut se raconter des histoires, c'est bel et bien notre affaire, mais il ne faut surtout pas rendre les autres responsables de nos actes et des dégâts qu'ils peuvent causer.

Le chemin de la facilité nous complique finalement la vie. Si nous voulons être en paix et satisfait avec nous-mêmes, il faut bien un jour faire face à la musique. Agir en être responsable de ses choix nous fait avancer, grandir et nous rend heureux. La grande satisfaction de réussir, d'avoir posé un geste ou une action qui nous rapproche de notre but, nous apporte un grand bonheur.

Donc, une bonne habitude à acquérir : ALLER AU BOUT DE SES DÉCISIONS. Si je décide de prendre une marche à tous les jours, rien ne pourra m'en empêcher ! Pas même la pluie, la neige, le froid ou la chaleur, parce que je l'ai décidé et j'en prends la responsabilité. Je me réserve du temps et je me donne les moyens.

Il importe de se rappeler que ce ne sont pas la longueur ni la quantité des pas qui comptent, mais plutôt la direction qu'on donne à nos pas. PERSÉVÉRER dans la bonne direction fera toute la différence entre celui ou celle qui réussira et l'autre qui abandonnera ou échouera.

LA PERSÉVÉRANCE

Persévérer dans ce que nous avons entrepris nous enrichit de nouvelles expériences, nous enthousiasme et nous donne de plus en plus confiance en l'avenir. Il y a une foule d'exemples à donner qui le confirment et qui prouvent que nous avons tous, à un moment donné, fait preuve de persévérance. Pensons seulement que nous avons d'abord appris à marcher, parler, lire, écrire puis à patiner, à faire du vélo, à conduire l'automobile, etc.. Si nous avions pensé un seul instant de ne pas avancer, imaginez ce que nous aurions perdu !

La persévérance m'a rendu heureuse et m'a aidé à poursuivre l'aventure, à découvrir de nouvelles possibilités et à prendre de l'expérience.

La réussite conduit à d'autres réussites. Personnellement, je suis renversée à l'idée d'avoir réussi à atteindre le poids que je désirais. Puis, ce projet m'a conduite à d'autres grands défis dont le premier est celui de réussir à maintenir mon poids. **Ce but ne finit jamais parce que demeurer à son poids, c'est la persévérance à son extrême ; c'est décider à chaque jour de continuer.**

Après cette autre réussite, j'ai voulu aller vers d'autres objectifs comme le contrôle de mes émotions, de mon stress et, par-dessus tout, continuer à prendre mes responsabilités. Pour y arriver, j'ai fait appel à la discipline.

LA DISCIPLINE

Être discipliné, ce n'est pas pour les paresseux. La discipline n'est pas très populaire et figure au rang des choses dérangeantes, fatigantes et énervantes. Pauvre discipline ! Plus souvent qu'autrement piétinée et méprisée, la discipline est vue plutôt négativement. Pourtant la mettre en pratique, c'est nous faciliter la tâche en de nombreuses occasions.

J'ai toujours admiré les personnes capables de faire les choses régulièrement, avec assiduité sans jamais déroger, comme une horloge. Elles savent où elles vont et elles semblent même y prendre un certain plaisir... hé oui !

La discipline nous pousse à l'action et nous aide à passer à travers bien des difficultés. Elle crée l'équilibre et nous aide à contrôler nos obsessions, nos compulsions et nos excès si souvent nuisibles. Mais la discipline s'acquiert avec le temps à condition qu'elle soit accompagnée de sa sœur bien-aimée la volonté, et qu'on veuille bien y consacrer le temps nécessaire.

Combien de fois je suis arrivée chez moi avec des appareils d'exercice pour le ventre, les cuisses, les bras, les hanches, alouette ! ...

Chaque fois que les infopublicités à la télé annoncent un nouvel appareil, j'ai une forte tendance à me laisser convaincre et je me dis : «Il me le faut, il faut, il faut que j'achète ça ! C'est exactement ce dont j'ai besoin pour perdre mes kilos. » La plupart du temps, après deux ou trois semaines, l'appareil passe dans la chambre des invités pour finalement, se retrouver au sous-sol.

Chers appareils que j'ai tant désirés, que faites-vous pour que je vous abandonne à un tel sort ? Pourtant, vous êtes presque parfaits, de belles couleurs, de forme élégante, bien rodés... Où est donc l'erreur ?

C'est alors que je retourne devant mon miroir et que la grosse madame m'envoie en plein visage : « Tu n'as pas de discipline et pas vraiment de volonté, et par-dessus tout, tu manques carrément de motivation ! Voilà pourquoi il n'y a rien qui tient. Ah oui ! En passant, tu sais qu'hier on a parlé d'un nouvel appareil… il marche tout seul et il est très efficace! » Je regarde la grosse madame et lui réponds : « Es-tu en train de me niaiser encore une fois ? »

Oui, si vous voulez tester votre sens de la discipline, achetez un de ces appareils, s'il ne finit pas dans la cave ou les annonces classées, vous êtes vraiment une personne disciplinée.

Bref, tout ça pour vous dire que lorsqu'on agit en personne responsable qui sait faire preuve de persévérance et de discipline, on se dirige incontestablement vers la victoire et le succès. Certes, ça prend du courage et il en faut beaucoup pour affronter la vie en général, mais avec un état d'esprit positif on peut y arriver.

J'ai toujours dit à mon conjoint, surtout au début de notre vie à deux, que ce n'est pas plus difficile de faire bien aller les choses que de les faire mal aller. Je le pense toujours, même si pendant un bon bout de temps, cette belle théorie s'est retrouvée aux oubliettes.

Aujourd'hui, je l'utilise encore comme leitmotiv dans différents aspects de ma vie et, croyez-moi, ça m'est toujours profitable. Alors, pourquoi il en serait autrement pour vous ?

```
            P
            O
  R         S
  É   ■     ■
■ A T T I T U D E ■
  L ■   T     ■ N
  I     I       E
  S ■   V     ■ R ■
  A     E       G
  B     ■       I
  L           E ■
■ E       ■
  ■
```

Je crois qu'on ne peut mieux vivre
qu'en cherchant à devenir meilleur,
ni plus agréablement qu'en ayant
la pleine conscience de son amélioration.

Socrate

Chapitre 6

Soyons positifs !

Être positif a pour avantage de nous fournir de la bonne énergie ; celle qui conduit à l'enthousiasme, à la motivation et à la confiance.

Il me revient tout à coup à la mémoire une séance de thérapie que j'ai suivie alors que j'étais complètement à plat et convaincue que je ne valais pas grand-chose. Je voulais tout foutre en l'air parce que je n'arrivais pas à être dans un état positif. Bref, j'avais une attitude très négative face à ma vie.

Après m'avoir écouté déblatérer sur mon sort pendant assez longtemps, Christiane, ma thérapeute, prit la relève et me dit : « Jacquie, il y a sûrement des événements ou des choses que tu as accomplies dans ta vie dont tu es fière, essaie donc de m'en nommer quelques-uns. »

J'étais tellement branchée sur le négatif qu'elle a dû me reformuler la question deux ou trois fois sous des formes différentes avant que je me décide à lancer quelques succès.

J'ai débuté par le côté sportif : mes prouesses à ski et au tennis. J'ai ajouté que j'avais deux beaux enfants, puis que j'avais réussi à perdre mon surpoids et j'avais aussi arrêté de fumer. Finalement, Christiane m'a fait revivre ces beaux succès et j'ai alors pris conscience que j'étais capable d'atteindre mes objectifs. Je suis retournée chez-moi fière et enthousiaste, en plus d'avoir rechargé mes piles.

Le positivisme donne des ailes, on y gagne en confiance en soi, en amour-propre et en succès. C'est magique !

Le positif entraîne le positif. D'où l'importance d'évacuer nos pensées négatives. Il est certain qu'en passant nos journées à nous dire que ça ne sert à rien, qu'on est bon à rien, que ça ne marchera jamais, etc., eh bien ! Un tel comportement ne fait qu'attirer la défaite, la déception, la frustration, le découragement, voire même la dépression.

En fin de compte, si on évacue rapidement nos pensées négatives, comme me l'a démontré Christiane, on arrive à la conclusion qu'après tout la vie n'est pas si noire, que la roue peut tourner dans l'autre sens. Une fois partie dans cette direction, je vous jure que c'est fantastique. Être positif, c'est aller de l'avant, bien sûr nos problèmes ne disparaissent pas comme par magie, mais nous trouvons plus facilement le bon mode d'emploi pour les solutionner. Tout devient tellement plus clair, précis et réalisable.

Lorsque nous sommes positifs, nous développons peu à peu la confiance en nous. Nous éprouvons donc plus de fierté dans ce que nous sommes et dans nos réalisations. Cet état d'esprit nous amène forcément à nous sentir bien dans notre peau et à se respecter soi-même.

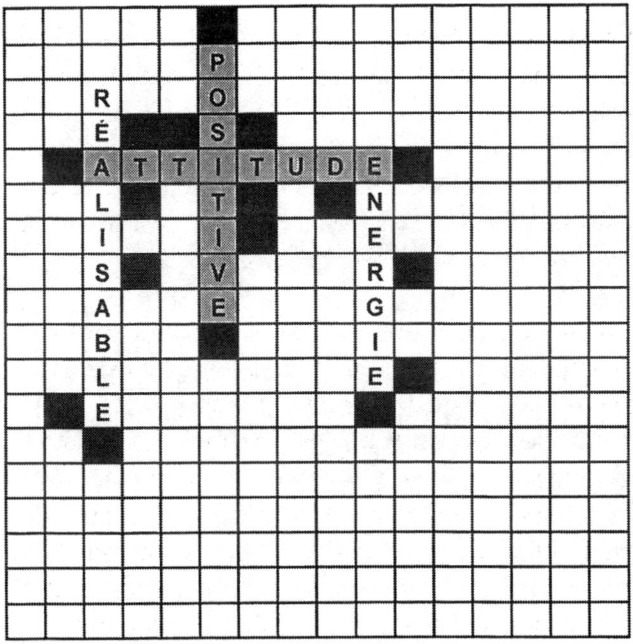
RÉALISABLE
POSITIVE
ATTITUDE
ENERGIE

Si vous ne voulez pas qu'on contrôle votre vie, apprenez vite à dire non, mais pour se faire vous devrez améliorer rapidement votre estime de vous-même.

Réflexion faite par l'auteure
Jacqueline Poirier

Si vous continuez de faire ce que vous avez toujours fait, vous continuerez d'obtenir les résultats que vous avez toujours obtenus.

Auteur inconnu

Chapitre 7

Le respect de soi...

On rencontre chez beaucoup d'entre nous, des femmes et des hommes qui cherchent plus à se faire aimer qu'à se faire respecter.

De cette attitude découlent bon nombre de problèmes. Les gens profitent de nous, nous exploitent ou nous manipulent et pour ne pas leur déplaire, pour faire «la fine ou le fin », nous acceptons cette forme d'esclavage. Il faut se poser une grande question : en sont-ils plus reconnaissants pour autant ?

Le jour où nous cessons de satisfaire leurs exigences toujours grandissantes, ces gens se sentent lésés et nous commençons à perdre de l'importance à leurs yeux. Concluons que la reconnaissance a la mémoire courte !

Cela m'amène à parler de l'estime de soi. Qu'est-ce que l'estime de soi ? C'est d'abord et avant tout se faire respecter, c'est aussi refuser de faire ce qui ne nous convient pas.
Malheureusement pour certains, le besoin d'être aimés l'emporte sur toutes considérations d'amour propre et de dignité personnelle.

Il y a un prix à payer pour vivre selon les désirs des autres. Il y a aussi un prix à payer lorsqu'on se condamne nous-mêmes à être à l'écoute du moindre désir d'autrui. Il y a un prix à payer quand on n'apprend jamais à dire «non » ou à s'affirmer.

Quel est ce prix à payer ? On sacrifie ses propres désirs, ses rêves les plus chers, ses aspirations les plus secrètes et ses besoins les plus légitimes.

Bref, l'oubli de soi conduit tout droit au manque d'estime de soi et par conséquent, on se croit indigne de respect. On a peur du rejet qui pourrait être une cause de ce manque d'estime. On se laisse exploiter parce qu'en échange de notre docilité, notre soumission et les bons services, cela nous permet de retrouver une certaine sécurité.

Nous craignons de perdre notre emploi, notre conjoint, nos enfants… donc en se laissant exploiter et manipuler, on se croit plus apprécié. Les louanges nous flattent et elles nous apportent un petit bonheur et des joies bien éphémères. On y retrouve une certaine zone de confort.

Alors que si on sait dire «non » quand il le faut et qu'on révèle nos désirs profonds, la partie est beaucoup plus difficile. La peur du rejet est omniprésente autant que celle de ne plus se faire aimer. Par contre, on réalise que lorsqu'on apprend à dire «non » avec tact et fermeté, notre entourage sait se montrer respectueux de notre décision. Honoré de Balzac disait : « On respecte ceux qui se respectent eux-mêmes ! »

Pour développer l'estime et l'affirmation de soi, il faut d'abord devenir autonome, reconnaître ses valeurs et maintenir ses décisions. Bref, c'est développer sa personnalité. Pour ce faire, il est important de se rappeler que nous sommes uniques et que chacun de nous a sa propre personnalité.

Personne ne peut connaître nos besoins aussi bien que nous-mêmes. Seuls, nous avons le pouvoir d'agir et de changer ce qui nous rend malheureux.

Alors, soyons intègres et honnêtes avec nous-mêmes et n'ayons pas peur des réactions extérieures et des qu'en-dira-t-on. Il faut écouter son corps et son esprit, même si parfois on a l'impression de naviguer à contre-courant !

Si jamais des gens se montrent irrespectueux envers nous, voici quelques trucs qui peuvent nous aider à rétablir la situation :

Les remettre à leur place avec fermeté et ne pas se laisser écraser par des remarques désobligeantes ;

Ne pas oublier que notre opinion est aussi importante que celle des autres ;

• Défendre son point de vue ;

• S'affirmer ;

• Ne jamais se laisser humilier ;

- Développer la confiance en soi et le sens de l'humour ;

- Ne pas être crédule ;

- Ne pas abandonner ses rêves à la moindre critique.

En résumé, s'accepter tel que l'on est et accepter que les autres soient différents au lieu de chercher à les changer. Indéniablement, cela fait de nous des personnes d'une grande ouverture d'esprit, épanouies et bien dans leur peau.

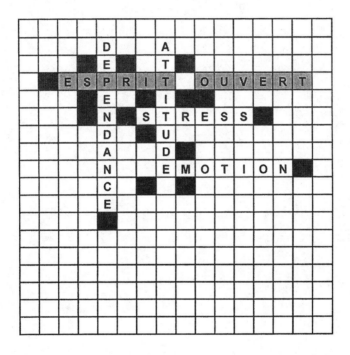

Tant et aussi longtemps que vous ne serez pas
mis à l'épreuve, il vous sera difficile de savoir si
vous avez l'esprit ouvert.

Réflexion faite par l'auteure
Jacqueline Poirier

Les médicaments ne sont pas toujours nécessaires,
mais croire à la guérison l'est.

Norman Cousins

Chapitre 8

Avoir l'esprit ouvert...

Faire preuve d'ouverture d'esprit, c'est se donner la chance de découvrir autre chose que ce que l'on connaît déjà. C'est également sortir de sa bulle de verre et dépasser les limites de sa zone de confort.

Il n'y a pas une seule fois, lorsque j'explique le programme alimentaire MINÇAVI à de nouveaux inscrits, où je n'entends pas de commentaires du genre : « oui, mais... je ne serai jamais capable de boire du lait écrémé, c'est du lait bleu ! » - « du foie, je n'ai jamais été capable de voir ça ! » - « de la margarine, non, non, non ! » - « des lentilles, qu'est-ce que c'est ça ? »

Et à chaque fois, je leur réponds qu'il ne faut pas essayer de tout changer dans la même semaine, qu'ils doivent seulement montrer un peu d'ouverture d'esprit s'ils veulent arriver à l'objectif fixé.

Quand on décide d'entreprendre une démarche de perte de poids, il est important, si on veut atteindre notre objectif, d'accepter d'améliorer son alimentation. Ce qui implique, entre autres, d'avaler une gorgée de lait ou une bouchée de foie. Ce sera déjà un grand succès pour quelqu'un qui ne voulait pas changer ses habitudes il y a à peine une semaine.

Avoir l'esprit ouvert, c'est à la fois merveilleux et bénéfique, car cette attitude peut nous mener très loin et nous aider à se sentir mieux dans notre peau.

Dans le cadre des mes conférences MINÇAVI, j'aborde le sujet de l'ouverture d'esprit au moins trois fois par semaine. Un beau jour, le 6 novembre 1998, je m'en souviens comme si c'était hier, j'ai dû mettre mes théories en pratique pour surmonter une rude épreuve…

Depuis plusieurs années, je traînais la très mauvaise habitude de prendre un peu de boisson le soir après avoir terminé ma journée, mais sans trop exagérer.

Vous savez quand on prend une bière après que la marmaille est enfin couchée, question de respirer un peu ou qu'on se permet une consommation parce que la journée a été pénible au travail, puis une autre parce que ton *chum* t'a fait de la peine. **On se soigne «un petit peu », on fait de l'automédication… et, un bon jour, on réalise QU'ON SE SOIGNE «UN PETIT PEU » TOUT LE TEMPS…** C'est comme ça qu'on développe une dépendance psychologique. On peut faire ainsi avec la cigarette, le gin, la crème glacée, les pilules, ça n'a aucune importance, ça demeure toujours de la *dépendance.*

Alors un beau jour où rien n'allait plus, j'ai reçu un grand coup de fouet parce qu'il y avait auprès de moi une personne qui avait fini par me connaître assez bien et qui, tout en jasant, m'a dit : « Moi, je pense que tu as un problème d'alcool. Tu me fais penser à quelqu'un qui est devenue alcoolique ! » Je venais d'entendre la pire insulte de toute ma vie. « Moi… es-tu malade ? De quoi te mêles-tu ? » J'étais presque paralysée sur place. J'ai pleuré, j'étais frustrée et humiliée, j'ai paniqué et puis finalement, j'ai beaucoup réfléchi...

J'ai d'abord pensé que c'était impossible. Deux semaines plus tard, je rendais visite à mon médecin. Cette dernière, après m'avoir fait subir un interrogatoire de mille et une questions, en est venue à la conclusion suivante : « Tu as beaucoup de symptômes d'une personne qui a tendance à devenir alcoolique. » Je n'ai pu retenir mes larmes. Elle poursuit en disant : « Écoute, le mot alcoolique ne veut pas dire se rouler par terre à tous les soirs. Je te trouve très responsable d'être venue t'informer, ça prouve que tu as de l'ouverture d'esprit, si tout le monde réagissait ainsi, c'est-à-dire assez tôt, les gens n'aggraveraient pas leur problème. »

Elle m'a informé qu'il existe des services d'aide et m'a offert de me référer. J'ai pris une période supplémentaire de deux semaines pour réfléchir à tout ça. Ce fut une période de pleurs, de panique, de rage, de honte. J'ai dû mettre de côté mon orgueil et accepter de me faire aider afin d'apprendre à mieux gérer le stress et surtout les émotions.

Le temps était alors venu de passer à l'action et d'appliquer cette ouverture d'esprit dont j'avais si souvent parlé aux autres.

Je devais m'ouvrir aux changements, à des comportements nouveaux et un jour, j'ai dit à ma patronne : « Je crois bien que c'est à moi que mes conférences font le plus de bien. » Je venais d'accepter que je n'étais pas parfaite. J'avais désormais cette volonté de vouloir changer les choses afin de me sentir mieux dans ma peau, fière et honnête avec moi-même.

Alors, j'ai enfin téléphoné à mon médecin pour lui dire que j'acceptais son offre. Je venais de rembarquer dans le bateau... C'est à ce moment que j'ai fait la connaissance de Christiane dont je vous ai parlé au début.

Le travail fut long et ardu. J'ai fait beaucoup de réflexion et d'analyse. Aujourd'hui ce que je retiens le plus de tout ça, c'est que ceux qui réussissent sont arrivés à former leur esprit à ne penser uniquement qu'à ce qu'ils veulent et par conséquent, au changement qui se produira dans leur vie.

Savoir ce que l'on veut vraiment, ce qui est bon pour nous et y croire profondément, nous apportera le changement désiré.

J'ai également lu beaucoup et travaillé sur la connaissance de soi et la croissance personnelle.
Auparavant, juste le fait d'entendre le mot *croissance personnelle,* les poils me redressaient sur les bras et la nuque me paralysait. Je ne pouvais pas tolérer qu'on me parle de ça. Pourquoi, croyez-vous ?

J'avais peur de sortir de ma zone de confort, peur du changement, peur de me retrouver avec *moi-même* et de découvrir que si je voulais vraiment atteindre mon but, soit **devenir un être responsable et autonome,** il fallait bien qu'un jour je fasse le saut et que j'y mette les efforts requis. Un bon coup de fouet m'avait été nécessaire pour que je réagisse vraiment et qu'enfin je fonce sans regarder en arrière.

Je peux vous le dire maintenant, ce bon coup de fouet m'avait été administré par ma patronne et aujourd'hui, je tiens à la remercier du fond du cœur. D'ailleurs, mon médecin m'avait dit lors de ma visite de consultation : « Ce n'est pas une employeure que vous avez là, madame, mais une amie ! » **Je le crois maintenant...**

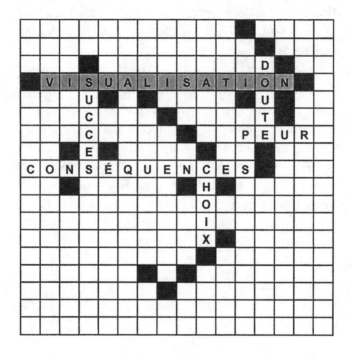

Pour me sentir important, je dois en tout temps me voir comme la personne la plus importante dans ma vie.

Auteur inconnu

Chapitre 9

La visualisation...

Dans les pages précédentes, nous avons beaucoup parlé de réussite ; par conséquent, je ne peux passer outre la question de la visualisation, car pour croire en notre réussite, il faut l'imaginer et la VISUALISER.

Au début, je ne savais pas trop comment faire. Au fur et à mesure que ma technique s'améliorait, je suis parvenue à de bons résultats. J'ai essayé d'arrêter de fumer à maintes reprises, sans succès. Beaucoup plus tard, il y a dix (10) ans, soit le 18 août 1991, je réalisai que si j'avais enfin réussi à arrêter de fumer, c'était grâce à la pratique de la visualisation que j'avais approfondie.

Cette méthode nous aide à réaliser ce que l'on désire mais pour cela, il y a certains éléments importants à respecter. D'abord, éliminer le doute et les peurs du genre « je ne sais pas si je réussirai... et si je recommençais à fumer ? J'ai peur d'engraisser, de trouver ça difficile ou d'être stressée... » **Le problème est là.** Comment espérer réussir avec de telles limites ?

La visualisation exige que nous ayons un objectif bien précis. Dans mon cas, j'avais placé le logo *interdiction de fumer* un peu partout dans des endroits stratégiques comme à la porte d'entrée de la maison, dans la cuisine et dans la voiture ainsi, tout mon entourage était au courant de ma décision. Pour ma part, cela devenait très engageant et mon orgueil m'empêchait de reculer !

Ce logo me servait d'image et me permettait de me concentrer sur mon but. Je me nourrissais également de pensées positives pour ajouter un plus à ma démarche.

Comme j'avais tout mis en œuvre pour réussir, le succès commença à se pointer le bout du nez : « Ouf ! J'ai passé un avant-midi, bravo ! ... j'ai fait une journée complète…, ça fait un mois déjà que je ne fume plus, c'est super ! ... et enfin j'ai complètement arrêté de fumer. » C'est une des choses les plus gratifiantes qui me soient arrivées.

Cet accomplissement, j'en parle encore après dix (10) ans et il en sera ainsi encore longtemps, surtout si ça peut aider d'autres personnes. Tiens, quelle coïncidence ! Au moment où j'écris ces lignes, je réalise que c'est la Semaine des Non-Fumeurs.

La cigarette peut être nuisible. C'est d'autant plus vrai lorsqu'on décide d'entreprendre une démarche pour perdre du poids ou pour arrêter de consommer des médicaments ou de l'alcool. **On a tendance à changer de dépendance, à transférer les problèmes et finalement on ne règle jamais rien.**

Vous avez sûrement remarqué ce phénomène dans

les bars. Les gens souvent se reprennent une cigarette pour finir leur verre de bière et reprennent une bière pour finir de fumer leur cigarette et à ce rythme, la veillée risque d'être longue...Ou encore, peut-être avez-vous déjà remarqué que lorsque vous avez décidé de ne plus fumer vous aviez commencé à manger beaucoup plus qu'auparavant ? Oui, vous en aviez pris conscience ? Alors vous comprenez très bien *le phénomène du transfert de dépendance.*

Sans vouloir généraliser cette situation, il importe toutefois de se questionner et de comprendre pourquoi nous avons tendance à se créer des dépendances. Je crois que si l'on arrive à mieux gérer notre stress et nos émotions, il nous sera plus facile de contrôler nos dépendances et d'adopter un cheminement plus linéaire vers la réussite.

Je ne suis pas psychologue, mais j'aurais une grosse envie d'affirmer qu'il pourrait bien y avoir un lien étroit entre les dépendances et les problèmes d'émotions. Qu'en pensez-vous ?

EXERCICE DE RÉFLEXION

Pour poursuivre avec la visualisation, il est prouvé que notre subconscient prend 21 jours consécutifs pour créer et enregistrer une nouvelle habitude ou idée. Il faut que notre visualisation soit bien comprise et pour ce faire, voici trois questions à se poser :

1. Est-ce vraiment ce que je désire ?
2. Ai-je assez confiance en moi pour être certaine d'atteindre mon but, de réaliser mon idéal ?
3. Suis-je consciente qu'en atteignant mon but, cela aura des conséquences ? Est-ce que je suis prête à assumer ces conséquences ?

Ce dernier point est le plus difficile à appliquer. Lorsqu'on fait une démarche de perte de poids, les points 1 et 2 vont de soi, mais le point 3 est, selon moi, le plus crucial pour mener à la victoire.

Je désirais perdre 45 livres… je les ai perdues. *Le réel défi n'est pas d'avoir perdu ces livres en trop mais celui de ne pas les reprendre !*

C'est là qu'on prend conscience de ce que ça exige comme effort, persévérance, ténacité et discipline. *Suis-je prête à assumer mon choix pour le reste de ma vie ?* Oh là là! Quelle question !

Prendre conscience des conséquences de nos choix et les assumer m'a permis de comprendre qu'il n'y a pas de place pour les *si* et les *peut-être* ; pas plus qu'il y en a pour les doutes, les peurs et les *à peu près* Oui, c'est possible d'y arriver, mais la partie est très sérieuse et ne se gagnera pas facilement !

La preuve, encore il n'y a pas très longtemps, je me suis réveillée une nuit en pensant que même après deux (2) ans d'abstinence, je n'étais pas encore parvenue mentalement au rang des *ex-alcoolos* . Je lais-

sais encore de la place à des *peut-être que*, à des *bof* !
Un petit verre de vin en mangeant ne changera pas
le monde ! »

Tout d'un coup, ça m'a frappée en plein visage. Je
n'avais pas encore trouvé réponse à la troisième et
décisive question :« Est-ce que j'assumerai les conséquences de mon choix pour toujours ? »

Je n'arrivais pas à retrouver le sommeil, je venais
d'avoir une révélation ! Je me suis donc levée et j'ai
créé ma visualisation. La voici :

*J'ai arrêté de boire physiquement. Aujourd'hui,
j'arrête de boire mentalement. La boisson n'est plus
une solution à mes problèmes.*

J'ai répété ces phrases pendant 21 jours, sous la
douche, en cuisinant, en auto, à vélo, … et après, je
vous le jure, c'était gagné ! Pourtant, pendant deux
ans, j'avais travaillé sur ce point mais j'avais toujours cette hantise de reprendre de la boisson un jour
ou de temps en temps.

Les obsessions ont quitté mon esprit et l'idée de
consommer de la boisson ne m'effleure plus.
J'éprouve maintenant du plaisir, une grande satisfaction et beaucoup de fierté d'avoir vaincu cette
mauvaise habitude qui aurait pu aggraver ma situation et ternir de plus en plus ma vie.

Il m'arrive encore d'entendre des mauvaises langues

et de rencontrer des envieux qui me disent : « Tu verras, tu finiras bien par avoir quelques bonnes rechutes qui feront en sorte que tu devras tout remettre en question. »

Alors je leur réponds : « Oui, ça peut m'arriver, mais je suis tellement plus aguerrie maintenant et je ne veux pas redevenir comme avant. Je sais m'agripper rapidement à mon amie l'Enthousiasme et garder tout près de moi mon copilote, la Confiance en soi. Je m'enivre dorénavant d'optimisme ! »

J'aimerais terminer l'exercice et clore ce chapitre par une pensée du philosophe grec, Socrate, qui résume bien mon sentiment à ce sujet :

« Le secret du changement, c'est de concentrer toute notre énergie non pas à lutter contre le passé, mais à construire l'avenir ! »

Avec cette pensée, ce cher Socrate m'a portée à faire une réflexion sur notre acharnement à revenir souvent sur nos vieilles habitudes et ce, à un point tel que ça devient de l'obsession !

S'occuper l'esprit à autre chose est le seul et unique
moyen pour éviter l'effet envahissant de l'obsession.

Auteur inconnu

Chapitre 10

L'obsession...

Il s'est passé beaucoup de temps entre ce que j'ai écrit et ce que je vis actuellement. Quand j'ai parlé de la visualisation et que je vous ai juré que c'était gagné, à cette époque c'était la vérité ; mais je n'avais pas l'expérience de ce que j'ai vécu depuis ce temps.

En fait, j'ai connu des périodes intenses d'obsession. Vous savez cette pensée qui t'envahit, qui te harcèle et qui voudrait te voir plonger dans la délinquance en reprenant tes vieilles habitudes que tu as mises tant de temps et d'efforts à faire disparaître. Oui, c'est très difficile à vivre.

Tous, autant que nous sommes, avons des dépendances ou des obsessions, mais à des degrés plus ou moins intenses. Cela peut être une dépendance à la cigarette, l'alcool, les drogues comme une obsession du chocolat, des sucreries, de la propreté, et j'en passe.

Certaines d'entre elles doivent être éradiquées, d'autres contrôlées, mais c'est plus facile à dire qu'à faire ! Venir à bout du processus signifie faire face à nos nombreuses tentations et à l'envie de satisfaire nos obsessions, lesquelles reviennent et disparaissent telle une vague qui, inlassablement, frappe la paroi des rochers avant de s'évanouir dans la mer. L'obsession crée un déséquilibre, une insécurité et une peur terrible de perdre ce qui est chèrement acquis.

Quant à moi, lorsque cette hantise me frappe, je perds tous mes moyens. Il m'est impossible alors d'en connaître les causes et encore moins la durée. Inévitablement, à chaque fois que cela se produit, de grandes remises en question surgissent, ma raison perd de son pouvoir, les points de repère habituels disparaissent, c'est le désarroi et je deviens complètement désorientée...

J'ai découvert qu'à ce moment-là, il vaut mieux vivre intensément avec son intuition, cesser de jongler avec son problème, arrêter de tergiverser face à ce que l'on veut vraiment et rapidement passer à l'action.

À ma grande surprise, chaque fois que je résiste à l'obsession, je me sens comme la grande gagnante d'un combat qui m'apparaissait impossible à remporter. Je ressens comme une paix intérieure, un bien-être difficile à exprimer. L'obsession maudite est réellement disparue. C'est le calme après la tempête.

Je peux enfin vivre libérée et heureuse, apprécier le temps présent tout en regardant vers l'avenir. Je peux maintenant me concentrer sur mon travail et mes projets. Ma tête est bonne, j'ai retrouvé mon équilibre.

Plus mon intérieur est en accord avec la direction que je veux prendre, plus je suis capable de me détacher de mes obsessions.

Lorsque l'envie de reprendre mes vieilles habitudes me revient, je m'empresse de me poser la question suivante : « Est-ce que cela va me conduire vers mon but et m'aider à réaliser mes désirs les plus chers ? » Puis, je laisse mon intuition mener la barque. Elle est la seule capable de remettre l'aiguille sur le bon cap pour me permettre de continuer ma route avec plus de confiance, de volonté et de joie de vivre.

Bref, c'est tout de même spécial toutes ces obsessions qui viennent hanter nos vies ! Je les hais et en même temps je finis presque par les accepter, juste pour le plaisir de les défier et de gagner le combat. En tout cas, une chose est certaine, elles existent ; ce ne sont pas des OVNIS. Nous devons vivre avec elles et toujours garder le contrôle du jeu...

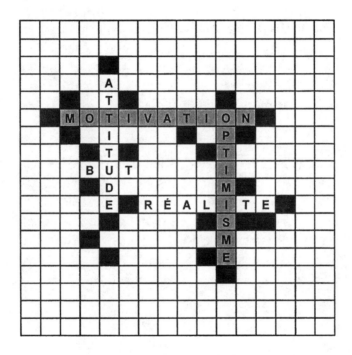

Que se passe-t-il quand vous prenez votre vie en main ? Une chose terrible se produit : Il n'y a personne à blâmer.

Erica Jong

Chapitre 11

Motivation et optimisme...

Lors des rencontres hebdomadaires à Minçavi, la première heure de mon travail consiste à enregistrer le poids des participants. Je profite de ce court moment d'intimité pour échanger quelques mots avec Ginette, Céline, Pierre, Paul, Louise, etc.. Ils ont tous deux points en commun : ils veulent perdre du poids et recherchent la motivation qui leur permettra d'atteindre leur but. L'objet de la motivation peut différer d'un individu à l'autre, mais la démarche est la même.

La motivation, c'est ce qui nous anime, nous excite. Elle est la flamme qui rend nos yeux clairs et pétillants, peu importe notre âge. J'observe ma mère qui a accepté cette année d'aller vivre dans une résidence pour personnes âgées ; c'est son choix, elle a bien mûri sa décision. Elle aime l'endroit et fait de son mieux pour s'adapter et tout découvrir de sa nouvelle vie et ce, avec enthousiasme. Comme disent les plus jeunes, elle est *allumée* et ses yeux sont pétillants de vie. Être motivé, c'est ça !

Si la motivation vous manque, demandez-vous si l'objectif que vous vous êtes fixé vous convient vraiment ? Est-il réaliste ? Vous enthousiasme-t-il ? Si vous doutez, vous aurez du mal à trouver l'énergie et la motivation nécessaires à la réalisation de votre idéal.

S'il est vrai qu'on devient ce que l'on pense, il est donc important de penser positivement et de mordre dans la vie avec enthousiasme. Cela s'appelle avoir de l'optimisme.

Être optimiste consiste à avoir confiance en soi et en l'avenir. Cette attitude nous évitera de tomber dans le défaitisme et la déprime, et comme le dit l'adage «on récolte ce que l'on sème » eh bien ! Être motivé, c'est faire la culture d'attitudes positives.

Lors d'une démarche de perte de poids, il est évident qu'il faut y penser et s'y appliquer, mais il est aussi important de ne pas devenir obsédé par la minceur car cette obsession ne nous conduira pas au bonheur ni à la joie de vivre.

Finalement, en bout de piste, ce qui nous motive et nous fait agir, n'est-ce pas ce but ultime de se sentir bien dans sa peau et en paix avec soi-même ?

Sois vrai envers toi-même; et, comme la nuit vient
après le jour, tu ne pourras être faux envers autrui.

William Shakespeare

Conclusion

J'aimerais vous confier en toute innocence, que tout récemment, pour la première fois de ma vie, j'ai eu le bonheur de découvrir et de goûter la paix intérieure.

J'ai mis tout ce temps à atteindre cet état, cinquante ans ! ... Pourquoi ? Parce que je ne connaissais pas le processus à suivre pour y accéder. Il n'y a rien de surprenant à ça, j'étais tellement occupée à contrôler la vie des autres. Heureusement un jour, j'ai compris que tout devait commencer par moi et qu'il était important d'être intègre et honnête avec moi-même.

Au printemps 1999, j'ai déménagé à Notre-Dame-du-Lac. Depuis, je profite à tous les jours d'un merveilleux sentier de vélo qui côtoie le magnifique lac Témiscouata. J'y ai découvert un beau rocher où je m'arrête souvent pour respirer la brise du lac. Tantôt j'admire le calme des eaux, tantôt la fureur des vagues qui viennent se fracasser à mes pieds.

C'est à cet endroit que je fais mes rêves et aussi que je laisse mes peines, en prenant bien soin de souffler très fort ces dernières vers le large, pour ne plus les revivre. De cette façon, je peux mieux m'ouvrir au bonheur ; ce bonheur qu'on attend toujours mais qui souvent est là tout près sans qu'on s'en rende compte.

C'est donc là qu'un bon matin, j'ai senti une paix intérieure m'envahir. Ça m'a touchée droit au cœur et c'était aussi lié directement à ma tête. Ce matin d'automne, c'est en ressentant beaucoup de bonheur que j'ai chanté : « **C'est dans la tête qu'on est beau** ! »

Depuis ce temps, lorsque je vais à mon rocher sur les bords du lac Témiscouata, je ne vois plus les choses de la même façon. D'ailleurs, je lui ai donné un nom : LE ROCHER DU BONHEUR.

En terminant, je laisse quelques pages à un homme extraordinaire : Rémi, mon conjoint. Durant toutes ces années, il a su naviguer contre vents et marées et comprendre que sa compagne de vie avait choisi de mener son propre navire.

Malgré tout, nous constatons que nous sommes très chanceux d'aimer la navigation et de savoir qu'il est toujours possible de se rejoindre quelque part.

À toi, Rémi, je te laisse le plaisir de terminer ce livre que j'ai écrit avec tout mon cœur.

Je t'aime !
                    Jacquie.

Celui qui aime l'autre l'accepte au point de départ, tel qu'il est, et -sans condition- tel qu'il sera.

Michel Quoist

Témoignage
de
Rémi

Un ami, c'est quelqu'un avec qui vous osez être vous-même.

Odile Dormeuil

Aujourd'hui, 12 avril 2000, je viens de passer chez le notaire. Nous avons vendu notre ferme. Notre fils André est parti en Colombie Britannique le 1er mars et notre fille Josée nous a quittés, il y a deux semaines, pour Banff en Alberta.

Je sens qu'il ne reste plus que moi à décider de hisser la grande voile...

Pohénégamook aura été l'endroit où nous aurons vécu une étape très importante de notre vie, celle de la famille. Il est maintenant temps de vivre comme quatre adultes libres et autonomes.

Je souhaite à André et Josée beaucoup de bonheur, et toi Jacquie, je te remercie de m'avoir donné l'opportunité de vivre intensément cette belle époque.

Maintenant, voici mon témoignage...

C'était le 16 novembre 1974. On avait 25 ans, on était fous, on était beaux ; moi, dans mon petit habit de velours à 55$ et Jacquie dans son costume de même valeur, cousu par madame Elzéar. On sortait de l'église, on venait de se marier.

Fort possible que nos parents aient poussé un soupir de soulagement à ce moment-là parce que même si on n'avait pas fait un mariage conventionnel, on était pour eux enfin mariés! Pour nous, on n'aurait plus à faire chambre à part quand on irait les voir lors des grandes festivités.

Autrement, on se serait bien contenté de notre statut de concubins. Ce n'est que par respect pour les convictions de nos parents respectifs que nous sommes allés à l'église.

Il ne faudrait pas croire que nous sommes toujours ensemble, après 25 ans, à cause des grâces du mariage ou de la bénédiction d'un vieux curé. Seuls nos efforts pour se comprendre, se respecter et se soutenir mutuellement y sont pour quelque chose.

Quand, après 25 ans de vie commune, Jacquie a manifesté le désir de se prendre un appartement pour y vivre à sa façon, je n'ai jamais essayé de la décourager. Au contraire, je l'ai supportée dans sa démarche. Non pas parce que son départ me rendait la vie plus facile, bien au contraire, mais tout simplement parce que je le lui devais.

Durant les 7 ou 8 dernières années, Jacquie a vécu des périodes de turbulence. Je voyais bien la transformation qui s'opérait. De sportive qu'elle était, elle est devenue sans entrain. Elle avait pris beaucoup de poids et ne se sentait plus bien à la maison. Elle sollicitait souvent des compliments, des encouragements et ça m'agaçait.

Jacquie était malheureuse et je ne comprenais pas pourquoi. Nous avions les deux plus beaux enfants du monde, la santé et une petite vie modeste mais quand même assez confortable. Ce n'est que lorsqu'elle m'a avisé de son désir de partir que j'ai commencé à comprendre.

Il est heureux que ma sœur Gisèle ait réussi à la convaincre de suivre le programme Minçavi. Ce fut la première étape de la prise de contrôle sur sa vie. À mesure que sa silhouette changeait, l'estime, la fierté et la joie de vivre renaissaient. Et les compliments et les encouragements venaient naturellement.

Jacquie a découvert le plaisir de bien manger. Autant les chips et le chocolat la faisaient se sentir coupable, autant elle pouvait se régaler de toute la nourriture permise par le programme. Vous devriez la voir au déjeuner dévorer gloutonnement sa rôtie de pain brun tartinée de confitures aux fraises Minçavi (livre no 2) et de fromage cottage. Ça vaut le spectacle !

Et l'amour dans tout ça ? Même si l'amour n'a jamais fait défaut, l'attirance et le goût avaient diminué. Mais la perte de poids a fait son œuvre. La vigueur a remplacé la fatigue. La fierté a *bumpé* la gêne et le désir a repris ses droits. J'ai redécouvert le plaisir d'admirer ma femme ; pas seulement dans sa tête mais aussi dans son corps. J'avoue que j'ai, très égoïstement, recommencé à jouir des formes de son corps…

Et je vous dirai qu'il y a, de son côté, une petite pointe d'orgueil qui pourrait bien la pousser à me dire un jour : « Hein, mon homme, pas si moche que ça, la vieille ! »
À la fin de son programme, Jacquie était devenue

plus sûre d'elle et plus confiante. Elle s'est mise à avoir des projets bien précis. Je pense qu'avec l'aide de la psychologue, elle a fait l'inventaire de ses goûts, de ses forces et de ses ambitions.

De vieux rêves enfouis dans son subconscient depuis 30 ans sont rejaillis à son esprit. C'est ainsi que deux mois après avoir pris son appartement, elle me fait part qu'elle s'est trouvé une vieille *van* pour 2 000$ et qu'elle avait décidé de partir pour Whistler en Colombie-Britannique; un endroit où l'on peut skier sur le glacier de Blackcomb même en été.

Elle fait faire quelques réparations nécessaires sur la mécanique et retoucher la carrosserie et voilà que le jour « J » approche à grands pas.
Plus le temps passe, plus la date du départ approche et plus je deviens épris d'un désir fou de tout lâcher et de réaliser, moi aussi, ce vieux rêve d'adolescent.

Deux semaines avant le départ de Jacquie, je lui lance à haute voix : « J'ai une surprise pour toi, j'ai décidé d'aller dans l'Ouest avec toi ! » Elle me répond alors du tac au tac : « Tu es chanceux, j'ai justement une place de libre dans ma *van* et j'avais pensé à cela me chercher un compagnon de voyage. Mais trouver un amoureux, c'est encore mieux ! »

Après 25 ans de mariage, nous avons enfin fait notre voyage de noces ! Cette année, pour l'an 2000, Jacquie réalise son deuxième grand rêve. Elle vient de s'acheter une belle auto sport. Elle m'en parle depuis que je la connais ! C'est une belle petite Miata rouge décapotable. Elle en prendra possession en mai ; préparons le champagne ! (Elle ne boit plus une goutte, mais rien ne m'empêche de le faire pour elle ! ...)

Jacquie mord dans la vie et plus rien ne l'arrête.

Et moi dans tout ça ? J'avoue avoir quelques regrets. Si j'avais été plus attentif à ses besoins, j'aurais probablement pu lui épargner certaines périodes de détresse. Elle m'envoyait des messages que je n'ai pas captés. Je n'en suis pas très fier. Je pense que la personne qui vit une telle transformation dans sa vie peut difficilement l'expliquer à son conjoint avec des mots.

Dans ces moments-là, le téléphone rose de l'amour et du vécu commun devrait avertir l'autre que la météo est mauvaise. Dans mon cas, ça n'a pas marché ; avec le résultat, plutôt satisfaisant pour elle, que le mérite de son succès lui revient en totalité puisqu'elle a tout fait toute seule.

Aujourd'hui, je me sens en dette envers Jacquie. Et puisqu'elle ne s'est jamais fait prier pour me supporter dans mes rêves et mes aspirations, je lui dois la pareille.

Même si Jacquie ne m'a jamais demandé de faire les choses à sa place, j'essaie de créer entre nous et autour de nous, le climat le plus favorable à la réalisation de ses projets.

Je fais simplement pour elle, ce qu'elle a fait pour moi et notre famille pendant de nombreuses années.

Ma plus grande consolation, par contre, est de savoir que si elle est devenue ce qu'elle est aujourd'hui, c'est parce qu'il n'y a jamais eu entre nous d'attitude de domination, ni de possession ou de contrôle sur l'autre.

C'est pourquoi, elle devait savoir que, quelle que soit la décision qu'elle aurait prise, elle avait mon appui.

C'est d'ailleurs pour cela que j'ai accepté de témoigner dans son livre.

Jacquie, c'est avec beaucoup de sincérité que je te souhaite bonne chance dans ta nouvelle vie et continue de mordre dans la vie. Je trouve ça super !

* * * * * * * * * * *

Petit message…

Aux hommes dont le courage les aura conduits jusqu'ici dans leur lecture :

Que votre épouse ait 40 ans, 50 ou même plus, que vous viviez à ses côtés depuis de nombreuses années… *vous ne la connaissez pas !*
Il y a une petite jeunesse qui sommeille en elle. Pour peu que vous ayez la sagesse de la laisser s'éveiller et s'épanouir au grand jour, vous découvrirez une personne transformée.

Dans quelque domaine que ce soit, si votre blonde décide de s'affirmer, soutenez-la, encouragez-la, vous avez tout à y gagner. Vous vous mériterez la plus fidèle des amies et la plus envoûtante et affectueuse des maîtresses...

Et aux femmes que le poids des ans, des grossesses et des difficultés de la vie ont quelque peu ralenties, dites-vous que votre cœur et votre tête, eux, n'ont pas changé. La petite fille espiègle et aventureuse est toujours là. Il faut la stimuler.

L'équipe Minçavi n'est pas une confrérie de miraculés et personne n'y a été touché par la langue de feu de l'Esprit Saint.

Si le programme vous convient, donnez-vous donc la chance d'essayer. Minçavi ne fera pas de miracle pour vous, mais en vous redonnant la santé, la forme physique, l'énergie et l'estime de votre corps, il vous offre la clef pour ouvrir la porte vers une vie plus satisfaisante.

Mais attention! En franchissant cette porte, vous avez 100% de chance de devenir une «*ambassadrice du bonheur*» pour vous et pour les vôtres...

À vous de partir à l'aventure !

DERNIÈRES CONFIDENCES...

À l'intention de tous ceux et celles qui sont curieux de connaître quel était mon poids au départ, c'est avec une certaine fierté que je vous le dévoile enfin !

Le 28 août 1995, lors de mon inscription à Minçavi, la balance indiquait 176 livre1/2... Ce fût pour moi le moment décisif... je suis passée à l'ACTION...

En six (6) mois j'avais éliminé quarante-cinq (45) livres et deux (2) mois additionnels pour la période de maintien.

Pour clore ce récit sur une note humoristique, permettez-moi de vous raconter cette anecdote :

Durant ma période de perte de poids, chaque matin à mon réveil, au sortir du lit je posais délicatement les pieds sur la balance et prenant une profonde respiration je m'appliquais de toute mes forces à faire «entrer » mon ventre... Rémi, qui m'observait et devenait de plus en plus intrigué par ce cérémonial, se décida enfin à me poser la question suivante :
-«Je ne comprends pas Jacquie pourquoi tu essaies de te faire plus petite en compressant ton ventre ? Ça ne change rien à ton poids ! » (le pauvre il n'avait rien compris...)
- Je lui répliquai : «C'est évident *Minou* c'est *tout simplement*   pour me permettre de lire les chiffres indiqués sur le pèse-personne !!!»

Voilà, je termine ce livre en vous faisant ces dernières confidences. Souhaitant bonne santé à tous mes lecteurs, le moment est venu de se dire *AUREVOIR.*

Sincèrement et amicalement !

Jacquie

Il y a des personnes qui marquent nos vies, même si cela ne dure qu'un moment. Et nous ne sommes plus les mêmes.
Le temps n'a pas d'importance, mais certains moments en ont pour toujours.

Fern Bork

Avant de faire connaissance avec Minçavi...

Avant d'éliminer 45 livres...

Avant de prendre un nouveau départ...

Ouvrages
suggérés

OUVRAGES SUGGÉRÉS

CLEGHORN, Patricia. *Vous valez mieux que vous ne pensez,* Éditions de l'Homme, 1997.

MORGAN, Michèle. *Le courage d'être heureux,* Édition Libre Expression, 1999.

LAVAL, Henri-Martin. *Le stress un atout dans votre vie,* Édition Libre Expression, 1993.

MURPHY, Joseph. *Les miracles de votre esprit,* Les Éditions Dangles, 1955.

VINCENT, Louise. *Arrêtez de manger vos émotions,* Les Éditions Québecor, 1999

ACTON, Jean. *Construisez vous-même votre succès,* Les Éditions Québecor, 1995.

ALLAIN, Carol. *Changez d'attitude !* Les Éditions Logiques, 1998

HAINEAULT, Pierre. *Comment acquérir le sentiment de victoire,* Les Éditions Québecor, 1999.

PEALE, Norman Vincent, *Quand on veut on peut !* Les éditions Un monde différent Ltée, 1979.

LARGIER, Guy. *Apprenez à gérer votre stress,* Éditions ELLEBORE, 1996.

GOULDING, Mary et Robert. *Triomphez de vos soucis,* Les éditons Un monde différent Ltée, 1990.

WOLFE, Marguerite. *Pour être heureux de quoi ai-je besoin*, Édition de Mortagne, 1989.

MAHEUX, Gilbert. *Bien gérer ses émotions*, Édimag inc. , 1999.

THIBODEAU, Richard. *Votre vie reflet de vos croyances*, Les Éditions Québecor, 2000.

FINLEY, Guy. *Les clés pour lâcher prise*, Le Jour, éditeur, 1995.

ZELINSKI, Ernie J. *101 choses que vous savez déjà*, Stanké, 2000.

BEATTIE, Melody. *Savoir lâcher prise*, Éditions Sciences et Culture, 1996

LEBOEUF, *Jean-Guy. Arrêtez d'avoir peur et croyez au succès*. Les éditions Un monde différent Ltée, 1962.

WOLFE, Marguerite. *Le secret est dans le plaisir*, Les éditions Un monde différent Ltée, 2000.

BOURBONNAIS, Jean- Guy. *Le pouvoir de convaincre*, Les Éditions Québecor, 1999

DUBOIS, Madeleen. *Comment contrôler sa pensée*, Éditions Québecor, 1995.

GLASS, Lillian. *Comment s'entourer de gens extraordinaires*, Les Éditions de l'Homme, 1998

GOSSELIN, Caroline,Ph.D. *Maigrir pour la vie,* Les Éditions G.G.C. ltée, 2001(disponible chez Minçavi.)

LEMIEUX, Michèle. *Prendre sa vie en main*, Les Éditions Québecor, 1998

THOMAS, Chantal. *Comment supporter sa liberté*, Édition Payot et Rivage, 1998

MANDINO, O.G. *Dix commandements pour une vie meilleure*, Les éditions Un monde différent Ltée, 1998.

BOURBEAU, Lise. *Qui es-tu* ? Éditons E.T.C. inc. , 1998.

COLLECTIF. *Le bonheur Un jour à la fois*, Les Éditions Mordus Vivendi, 1995.

PELLETIER, Jean- Marc. *En âme et conscience*, Édimag inc, 1999.

Informations supplémentaires

Pour en savoir davantage sur le programme
MINÇAVI, vous pouvez communiquer directement
au siège social :

Minçavi
51 chemin Pinacle,
Danville, Québec, Canada
J0A 1A0

ou

Téléphone: 1-819-839-2747
Extérieur: 1-800-567-2761
Télécopieur: 1-819-839-1091
Internet:www.mincavi.com
mincavi@mincavi.com

Si vous aimeriez partager vos impressions
avec nous

Jacqueline Poirier : poirier2000@hotmail.com
Rémi Bourgoin : r_bourgoin@hotmail.com